QUAND LES POULES AURONT DES DENTS !

Jérôme DUBOIS

Éditions ART ET COMÉDIE
3, rue de Marivaux
75002 PARIS

NOTE DE L'AUTEUR

Cette histoire m'a largement été inspirée par le projet d'une ligne grande vitesse traversant les terres de mon petit village. Et au lieu de me ranger du côté des partisans ou des réfractaires, j'ai pris le parti de ne pas en prendre puisque, de toute façon, tout est décidé d'avance. Alors, pourquoi ne pas en rire…

PERSONNAGES

JEANNOT : Paysan rustre, pas très net, mal rasé et mal luné.

LE FACTEUR : Tenue de fonction. Une sacoche sous le bras en bandoulière.

GERMAINE : La femme du Jeannot. À l'image de celui-ci.

BERNADETTE : La fille. Pas mieux. Seize ans et arriérée.

LA BOURGEOISE : Hautaine. Impeccable sur elle et tirée à quatre épingles.

LA REPRÉSENTANTE : Une femme ou un homme.

Au lever du rideau, Jeannot, vêtu de son bonnet de nuit sur la tête et d'un caleçon long, est tranquillement affairé à la préparation de son petit déjeuner entrecoupé de bâillements : tartine de fromage et tranches de saucisson soigneusement découpées accompagnant un grand bol de café précieusement arrosé d'une rincette de vin rouge. Il s'installe alors à table et commence à se régaler. On entend des aboiements insistants venant de l'extérieur.

JEANNOT - S'il y a bien une chose que je déteste, c'est qu'on me dérange pendant mon petit déjeuner ! *(Il va ouvrir pour voir ce qui se passe. Le facteur entre sur scène, le bousculant sur son passage, une manche complètement déchirée.)* C'est toi, facteur !… Ben ! T'es tout blanc !

LE FACTEUR - C'est pas de tout repos de venir chez toi livrer le courrier. Tous les matins c'est la même rengaine. Tu peux pas l'attacher ? Un jour, il dévorera quelqu'un !

JEANNOT - Mais non. Il est juste un peu jeune, il a envie de jouer. C'est sa façon à lui de dire bonjour.

LE FACTEUR - Envie de jouer ? Il est enragé, oui ! T'as vu comment il a arrangé ma manche ?

7

JEANNOT - Il mord pas, il accroche un peu fort avec sa mâchoire, c'est tout. Tu connais le proverbe : « Chien qui aboie ne mord pas. »

LE FACTEUR - Oui, moi je connais le proverbe, mais lui, est-ce qu'il le connaît aussi ? Avec ses crocs aiguisés et ses griffes acérées, il me fait penser à un lion !

JEANNOT - Un lion ? Loulou est un caniche ! Un caniche nerveux, certes, mais un caniche quand même !

LE FACTEUR - T'as pas l'air dans ton assiette, t'as une sale mine et t'es de mauvais poil ! Tu t'es levé du pied gauche ?

JEANNOT - Je suis épuisé. J'ai rêvé que je travaillais. Je crois même que j'ai poussé des brouettes de fumier toute la nuit ! J'en aurais presque des crampes aux bras et des « esquimaux » aux pieds ce matin !

LE FACTEUR - Des « esquimaux » aux pieds ? Qu'est-ce donc ?

JEANNOT - Quand t'as les pieds tout bleus couverts « d'esquimaux » !

LE FACTEUR - Des ecchymoses ?

JEANNOT - Oui, des « ecchychoses » là ! Mais y a autre chose qui me fatigue. Depuis que je prends du sirop pour dormir à vingt-huit euros le flacon et que je sais que c'est pas remboursé par la Sécu, ça m'empêche de dormir tant ça m'énerve !

Bernadette entre sur scène côté chambre, sans dire mot, vole du saucisson sur la table, s'en met plein la bouche et sort aussitôt sous le regard consterné du Jeannot.

Le facteur *(que ça n'a pas dérangé)* - Et puis c'est quoi cette lanterne au milieu de ton chemin ? J'ai failli me casser la pipe !

Jeannot - La lanterne, c'est pour que personne vienne buter contre le tas de pierres !

Le facteur - Et pourquoi t'as été mettre un tas de pierres au milieu de ton chemin, enfin ?

Jeannot - Ben ! Pour poser la lanterne, pardi ! *(Retournant à son petit déjeuner.)*

Le facteur *(resté dubitatif quelques instants)* - N'empêche qu'il m'a salement amoché !

Jeannot - Je vais te dire : j'ai déjà bien essayé de l'attacher mais il aboie toute la journée. C'est pénible ! Je peux pas faire ma sieste l'après-midi. Sans compter que ça perturbe mes vaches. Elles font plus le même lait après. Ça les stresse !

Le facteur - Ah bon ? Ton Loulou, là, il serait, pour ainsi dire, perturbateur !

Jeannot - Pour te dire, la bourgeoise qui venait chercher son lait tous les matins, un jour, elle m'a annoncé comme ça que c'était la dernière fois qu'elle venait acheter son lait chez moi, prétextant que je le coupais avec de l'eau !

Le facteur - Elle a dit ça ? C'est pas du lait en brique pourtant ! À moins qu'elles fassent du lait demi-écrémé tes vaches !

Jeannot - Le pire c'est qu'elle avait pas tort ! Tu veux que je te dise ? Je l'ai goûté mon lait que je lui ai vendu. C'était bien vrai, elle avait raison, il avait plus de goût !

LE FACTEUR - Elles fabriquaient peut-être du lait allégé, tes vaches. C'est à la mode maintenant. Tout est allégé sauf les impôts ! T'as qu'à en faire ta marque de fabrique... Et alors, qu'est-ce tu lui as répondu ?

JEANNOT - Que l'été avait été très chaud et que les vaches avaient beaucoup bu !

LE FACTEUR - Et elle t'a cru ?

JEANNOT - Je sais pas si elle m'a cru mais en tout cas on l'a pas revue ! Ah ! ben et pis c'est pas une perte ! Je pouvais pas la sentir ! À se parfumer comme ça, faut déjà mettre le flacon. C'est bien simple : dès qu'elle entrait dans l'écurie, ça couvrait l'odeur du fumier. Fallait aérer pendant deux heures après. Une écurie qui sent la rose, t'as déjà vu ça ?

LE FACTEUR *(prenant sa défense)* - C'est une dame, quoi. Une femme de la ville, bien mise et tout.

JEANNOT - Ah ! ben j'en voudrais pas, moi ! Et puis maquillée jusqu'en bas des pieds. Une tartine de crème sur le visage que quand tu l'embrasses, tu restes collé !... Il paraîtrait même qu'elle fait du naturiste.

LE FACTEUR - Du naturiste ? *(Après réflexion.)* Ça voudrait-y dire qu'elle est proche de la nature ?

JEANNOT - Elle y est tellement proche qu'elle s'y promène toute nue !... Je devrais bien y emmener la Germaine comme ça je l'entendrais plus me dire qu'elle n'a rien à se mettre !

LE FACTEUR - J'y crois pas bien moi. Elle est toujours emmaillotée jusqu'aux deux oreilles !

JEANNOT - C'est pour brouiller les pistes ! Tu comprends, ici, elle se couvre jusqu'au dessus et dans son camp de « cul nus », elle se découvre, même en dessous !

LE FACTEUR - Elle est culottée, quand même !

JEANNOT - Elle est surtout déculottée, oui ! Tiens, il paraîtrait aussi que quand elle rentre des magasins les bras chargés de sacs elle ramène toujours une boîte de tranquillisants à son mari à prendre avant de mettre le nez dans les factures !

LE FACTEUR - Des racontars, voilà tout…

JEANNOT - En parlant de factures, j'espère que tu les as laissées au fond de ton sac aujourd'hui !

LE FACTEUR - Attends voir… Tiens, une lettre pour toi.

JEANNOT - Merci facteur. Elle pèse pas lourd. C'est pas une facture.

LE FACTEUR *(impatient)* - Ouvre donc, tiens !

JEANNOT - Mon courrier te regarde pas !

LE FACTEUR - Je disais ça, moi…

JEANNOT - Tu disais ça parce que des fois tu te gênes pas pour l'ouvrir, mon courrier, hein ? Tu sais comment j'y sais ? Une fois tu l'as pas remis dans la bonne enveloppe. Il avait atterri dans une enveloppe à la bourgeoise justement ! Et moi j'avais son courrier dans la mienne !

LE FACTEUR *(faussement étonné)* - Tiens ?

JEANNOT - Fais pas l'innocent, va !

LE FACTEUR - P'têt' qu'elles étaient tombées de mon sac et qu'elles se sont mélangées.

JEANNOT - C'est ça ! Et puis les lettres elles sont sorties toutes seules de leurs enveloppes pour aller se ranger dans l'enveloppe de l'autre. Allons, ne me prends pas pour un imbécile, facteur ! C'est plus fort que toi, avoue-le ! En même temps, la lettre envoyée à la bourgeoise je l'ai lue et je peux te dire que c'était une lettre pour le moins enflammée envoyée par un inconnu signant de ses initiales LF.

LE FACTEUR - Hum…

JEANNOT - Qu'est-ce t'as ? T'as avalé de travers ?

LE FACTEUR - Non, rien…

JEANNOT - LF ? Qui ça pouvait bien être ? Pis t'as bien fait de me l'envoyer à moi, si son mari était tombé dessus, le malheureux LF ne serait déjà plus de ce monde. Il lui aurait tordu le cou. Ben ! Qu'est-ce t'as ? T'es de nouveau tout blanc ! Bois donc un coup de rouge ! *(Il lui verse à boire. Le facteur boit de bon cœur, s'en renverse sur lui.)* Quel maladroit ! Tu t'en ai mis de partout ! *(Il tamponne avec son mouchoir dans lequel il aura au préalable craché.)* T'as fait plein de taches !

LE FACTEUR *(préoccupé)* - Dis, cette lettre, là, tu lui as bien remise en main propre ?

JEANNOT - En main propre ? Des mains de travailleur, quoi !

LE FACTEUR - Je veux dire, à elle, rien qu'à elle ?

JEANNOT - Ah oui ! *(Réfléchissant.)* LF ?… Je vois personne dans le village ayant des initiales pareilles et Dieu sait que je connais tout le monde.

LE FACTEUR *(faussement inspiré)* - LF… et si ça voulait dire… le « farmacien » ?

JEANNOT - « Farmacien »… ça commence par un « f » ? *(Prononcer « fe ».)*

LE FACTEUR - Ou alors, le fossoyeur, tiens ?

JEANNOT - Attends ! Je vais l'ouvrir maintenant cette lettre, des fois qu'elle soit adressée à la bourgeoise. Que t'y aies encore fourré ton nez dedans !

LE FACTEUR - Dans la bourgeoise ?

JEANNOT - Ben non ! Dans la lettre, imbécile !

LE FACTEUR - Ah ! oui…

> *Même jeu que précédemment, Bernadette entre de nouveau sur scène côté chambre, sans rien dire, s'empare des derniers morceaux de saucisson restés sur la table qu'elle dévore avant de ressortir, comme soulagée, sous le regard affligé du Jeannot.*

LE FACTEUR *(reprenant la conversation, imperturbable)* - N'empêche que c'est une sacrée aubaine, ce qui t'arrive…

JEANNOT - Hein ?

LE FACTEUR - Pour le train.

JEANNOT - Quel train ?

LE FACTEUR - Celui qui va passer dans ta grange !

JEANNOT - Quoi ?! Un train dans ma grange ? Et comment tu sais ça ?

13

LE FACTEUR - Ben! Lis…

JEANNOT - T'as ben une bonne vue, j'ai à peine décacheté l'enveloppe.

LE FACTEUR - Ah… *(Réalisant sa bourde.)* J'sais pas. C'est p'têt' pas ça après tout.

JEANNOT - Pas ça, pas ça! T'auras encore lu mon courrier, imbécile! C'est pas possible d'être aussi curieux! T'as de la chance que cette lettre il faut que je la lise tout de suite sinon je t'aurais mis une sacrée avoinée! C'est quoi encore cette affaire? Voyons… *(Il lit.)* « Le tracé du nouveau TGV doit traverser votre propriété, exactement à l'emplacement de votre grange. Nous vous proposons un dédommagement très intéressant : la somme de… » *(À part.)* Ah oui! Quand même… *(Reprenant sa lecture.)* « Si accord de votre part, veuillez nous retourner cette lettre dûment signée, accompagnée de la mention lu et approuvé. Sinon, renvoyez le présent original sans rien y mentionner. Tout contrat abîmé ou déchiré fera office d'acceptation de votre part. »

LE FACTEUR - T'es riche maintenant, t'as vu. T'auras même plus besoin de moi. T'auras un facteur particulier même.

JEANNOT - Bougre! Mais c'est-y le ciel qui me tombe sur la tête!

LE FACTEUR *(buvant une gorgée)* - Non, des sous, plein de sous qui te tombent du ciel.

JEANNOT - Et toi, c'est de ta chaise que tu vas bientôt tomber si t'arrêtes pas de boire! Qu'est-ce qu'elle va dire, ta femme, quand tu vas rentrer chez toi, complètement ivre?

LE FACTEUR - Rien. Tu sais bien que j'ai pas de femme.

JEANNOT - Ah oui ! C'est vrai… On se demande bien pourquoi tu picoles alors ? Quand vas-tu te décider à te caser d'ailleurs, tu vas pas rester chez ta mère toute ta vie ?

LE FACTEUR - Je peux pas me caser, j'y arrive pas… je pense trop à la tienne !

JEANNOT *(qui commence à voir rouge)* - Comment ça tu penses trop à la mienne ? Tu veux dire que tu as des vues sur la Germaine, cochon ?!

LE FACTEUR - Ah non, calme-toi ! Au contraire, j'ai surtout très peur d'en trouver une pareille…

JEANNOT - Ah ! j'préfère ça ! C'est vrai qu'elle est pas facile la Germaine. On n'arrive pas à se parler ! Tu vois, on n'arrête plus de s'engueuler ! Tout le temps ! On se parle plus qu'en s'engueulant, d'ailleurs ! On est jamais d'accord. On fait que se contredire ! Moi surtout ! *(Réfléchissant tout haut.)* Je me demande d'ailleurs pourquoi je continue à la contredire alors qu'il suffirait que j'attende qu'elle change d'avis… Tiens, déjà au début, pour choisir le prénom du bébé. Elle voulait l'appeler Saturnin et moi, Casimir.

LE FACTEUR - Et finalement, vous l'avez appelé comment ?

JEANNOT - Ben ! Bernadette. C'était une fille…

LE FACTEUR - C'est mieux pour la petiote, c'est plus facile à porter.

JEANNOT - En parlant de la petite ! Elle avale tout ce qui traîne en ce moment, un aspirateur à détritus qu'elle est devenue ! Et puis pas agréable pour un sou, tout le portrait de sa mère à son âge, paraît-il !

LE FACTEUR - Personne t'a forcé la main de lui demander la sienne !

JEANNOT - Quoi ?

LE FACTEUR - Pourquoi tu l'as épousée, alors ?

JEANNOT - Toi aussi, tu te poses la question ? Tu sais, le mariage c'est une loterie où l'on ne gagne pour ainsi dire jamais. Tu en connais, toi, des couples bien assortis ?

LE FACTEUR - Ben ! Oui, les Dupond ! Lui ronfle mais sa femme est sourde.

JEANNOT - Ils en ont de la chance ! Chez nous c'est madame qui ronfle et moi qui prie le Bon Dieu d'être sourd !

LE FACTEUR - C'est sûr, oui. Moi je ronfle tellement fort que ça me réveille même !

JEANNOT *(agacé)* - Oui, ben on parle pas de toi ! Et puis qu'est-ce tu fais encore là, t'as pas du courrier à distribuer ce matin ?

LE FACTEUR - Si, je file… Ben, à demain, alors.

JEANNOT - Oui, pis amène-moi des nouvelles meilleures que celles d'aujourd'hui !

LE FACTEUR *(en sortant)* - Je fais ce que je peux… *(On entend aboyer à l'extérieur.)*

BERNADETTE *(entre de nouveau sur scène, côté chambre, cherchant désespérément quelque chose à se mettre sous la dent)* - Y a plus rien à bouffer ?

JEANNOT - Qu'est-ce que c'est que ce langage ? On t'a pas appris à parler comme ça, ta mère et moi ! Et puis d'ailleurs qu'est-ce t'as à bouffer comme ça en ce moment ? T'as toujours le nez dans le garde-manger ! L'autre nuit, quand tu t'es relevée, tu t'es sifflé un poulet à toi toute seule ! *(Bernadette trouve un vieux quignon de pain qu'elle dévore.)* Mais t'es un ogre ! Tu vas pas manger du pain rassis maintenant ! C'est le pain du chien !

BERNADETTE *(la bouche pleine, on comprend rien)* **-** I a pu fffaim mainnant i a bouffé l' fffateur !

JEANNOT - Hein ?

BERNADETTE *(avale, puis répète)* **-** Je disais : il a plus faim maintenant qu'il a bouffé le facteur !

JEANNOT - Si c'est pour dire des âneries pareilles, tu ferais mieux de te taire !… En parlant d'âneries, elle est où ta mère, j'ai à lui causer.

BERNADETTE - Je sais pas ! L'autre jour, le Toine l'a surprise dans son écurie à faire la conversation à son âne !

JEANNOT - Si elle me confond avec l'âne du Toine, maintenant…

BERNADETTE - Tu sais bien qu'elle perd la boule en ce moment.

JEANNOT - Mais tu vas parler correctement ! C'est un monde, ça ! Elle perd pas la boule mais la mémoire ! Pas besoin d'en rajouter ! C'est déjà assez compliqué comme ça. Oui ! Et c'est pas pour arranger nos affaires ça !… T'as nourri les poules ce matin ?

BERNADETTE - Oui, j'ai même ramassé les œufs !

JEANNOT - C'est pas pour me rassurer ça ! Avec l'appétit d'ogre que t'as en ce moment ! Y en reste combien, assez pour faire une omelette ?

BERNADETTE *(le sortant d'une poche)* - Un...

JEANNOT - C'est pas vrai, elle les a gobés avant même de les ramener !

> *Germaine entre alors sur scène côté cour, une corde à la main.*

JEANNOT - Te v'là, tu tombes bien !

GERMAINE - Ben oui ! Quoi ? Qu'est-ce qui se passe ?

JEANNOT - Il se passe que j'ai à te parler !... Viens voir ! Qu'est-ce t'as au bout de ton bras ?

GERMAINE *(regardant le mauvais)* - Ben ! Rien.

JEANNOT - L'autre ! Qu'est-ce tu fabriques avec cette corde à la main ?

GERMAINE - Quelle corde ?

JEANNOT - Là, la corde pendue au bout de ton bras !

GERMAINE - Tiens ? Oui, j'avais pas vu...

JEANNOT - C'est plus grave que je pensais ! Tu l'as trouvée où cette corde ?

GERMAINE - J'sais pas...

JEANNOT - Mais c'est la corde de la jument !

GERMAINE - Ah! P'têt'… Je me demandais à l'instant si j'avais trouvé une corde ou si j'avais perdu la jument?

JEANNOT - C'est pas possible! Mais c'est un festival! Y a de quoi en perdre la boule!

GERMAINE - Pourquoi es-tu aussi catastrophé?

JEANNOT - Pour la simple raison qu'on veut faire passer un train dans ma grange! Tiens, regarde ou plutôt lis cette lettre!

GERMAINE *(la lit, à voix haute)* **-** « Le tracé du nouveau TGV doit traverser votre propriété, exactement à l'emplacement de votre grange. Nous vous proposons un dédommagement très intéressant : la somme de… » Ah ben dis donc!… « Si accord de votre part, veuillez nous retourner cette lettre dûment signée, accompagnée de la mention lu et approuvé. Sinon, renvoyez le présent original sans rien y mentionner. Tout contrat abîmé ou déchiré fera office d'acceptation de votre part. » Tu te rends compte, on nous en propose le triple de ce que ça vaut!

JEANNOT - On voit bien que t'as pas toute ta tête ma pauvre Germaine! Je réglerai ce problème tout seul puisqu'on ne peut pas compter sur toi! Tiens! Autre chose qui est peut-être encore dans tes cordes. *(Lui prenant la corde des mains.)* Ça me fera rappeler qu'il faut que je retrouve la jument maintenant! T'as pas remarqué quelque chose de bizarre chez la Bernadette? Elle fait que se goinfrer en ce moment, tout y passe, même le pain du chien!

GERMAINE - T'as pas dit à ton père?

JEANNOT - Quoi? *(Il prend un air inquiet.)* Qu'est-ce que je sais pas que je devrais savoir encore?

GERMAINE - Assieds-toi! Ça risque de te fiche un coup! *(Il s'assoit, sans réfléchir, comme déjà abasourdi.)* Dis-lui maintenant!

BERNADETTE *(timidement)* - Non... dis-lui toi.

GERMAINE - Ben voilà que la Bernadette est enceinte!

JEANNOT - En quoi?

GERMAINE - Enceinte!

JEANNOT - En cintre?

GERMAINE - Enceinte, oui.

JEANNOT - Tu veux dire que la Bernadette, elle porte, comme la Marguerite?

GERMAINE - En quelque sorte, oui...

JEANNOT - Elle va nous faire un veau!

GERMAINE - Non, un gamin, un bambin si tu préfères.

JEANNOT - C'est une sacrée nouvelle que ça! Et ça t'est arrivé comment?

GERMAINE - Elle a fait comme tout le monde!

JEANNOT - Quand même! Comme tout le monde! C'est pas n'importe qui! C'est ma Bernadette!

GERMAINE - Oui ben, c'est une femme maintenant. Faudra t'y faire!

JEANNOT - Je comprends bien mais, la Marguerite, faut la présenter au mâle pour la saillie! Alors, la Bernadette, elle l'a pas fait toute seule! Maintenant tu vas dire à ton père comment t'as fait et surtout avec qui!

GERMAINE - Laisse-la tranquille, elle veut pas y dire !

JEANNOT - Quand même ! Il faudra un père à ce petiot !

GERMAINE - T'y feras bien toi !

JEANNOT - Non, je suis trop vieux. Et ça arrive quand cette affaire-là ?

GERMAINE - Si nos calculs sont bons, pour la Noël.

JEANNOT - Pour la Noël ? Tu nous fais un sacré cadeau la Bernadette !

GERMAINE - Estimons-nous heureux si y en a qu'un ! Toi qui as un frère jumeaux ! C'est génétique !

JEANNOT - Oh ben pour ça, si elle est gênée par les tiques, c'est dans la paille qu'elle les aura chopés !… Et puis faudrait peut-être l'emmener consulter, voir le spécialiste.

GERMAINE - Celui qui t'a prescrit un verre de cognac avant chaque repas quand t'avais perdu l'appétit ? Sûrement pas ! C'est que monsieur faisait six repas par jour après !

BERNADETTE - En tout cas je le sens ben pas.

JEANNOT - Quoi donc ?

BERNADETTE - Le bébé.

JEANNOT - C'est parce qu'y dort, tiens !

GERMAINE - Tout le portrait de son grand-père, ça.

JEANNOT - Que veux-tu, je peux pas rester sans rien faire ! Et puis, tu peux dire, mais je me promène pas avec une corde sans rien au bout moi, madame !

GERMAINE - Franchement, je me demande encore pourquoi je t'ai épousé! Avant de te connaître, j'ai rencontré tellement d'hommes plus intelligents que toi!

JEANNOT - Ah! ben ça je veux bien te croire, ils étaient certainement plus intelligents que moi! La preuve, c'est qu'eux, ils ne t'ont pas épousée! Ça fait trente ans qu'on est mariés, pas une seule fois en trente ans tu n'as été d'accord avec moi.

GERMAINE - Tu as tort : nous sommes mariés depuis vingt-neuf ans.

JEANNOT - Tu vois, ça continue!

BERNADETTE *(se tordant dans tous les sens)* - Commencez pas à vous chamailler! Oh là là! Ça me gargouille là-dedans.

GERMAINE - T'es content? Tu vas nous la faire accoucher avant l'heure! Je m'en vais allonger la Bernadette, moi. *(Elles sortent côté chambre.)*

JEANNOT - Un môme maintenant, ça change tout! Ma Bernadette, « en cintre »! On avait bien besoin de ça! On n'est pour ainsi dire pas équipé! Il faudra… des petits chaussons, un bonnet, des moufles, un pyjama… ben oui, qu'il finisse pas « cul nu », comme la bourgeoise! Des bavoirs aussi, un thermomètre pour le bain et de la crème pour les fesses. Le derrière irrité, c'est quelque chose, même à mon âge! Sans oublier le lait! Oh ben pour ça, je le mettrai sous le pis de la vache… *(Mimant.)*… directement à la source! Sous le robinet! Ça fera un sacré gaillard plus tard! Pour le reste, par contre, il nous faut des sous. Et des sous, on n'en a pas! À moins que, après tout, cette somme d'argent c'est peut-être

22

une providence. *(Relisant la lettre.)* Une somme que je ne gagnerai même pas en une vie. *(Il signe.)* Voilà, c'est signé ! Je file à la poste. Dans cinq minutes, je suis de retour pour annoncer la nouvelle à la Germaine. *(Il sort côté cour. Quelques secondes passent, il revient sur scène en bougonnant.)* Forcément, à force de surmenage, on en oublie les choses élémentaires, comme s'habiller avant de sortir par exemple ! *(Il enlève son bonnet de nuit, enfile une culotte par-dessus son caleçon et sort côté cour.)*

Un temps.

LA BOURGEOISE *(frappe, insistant, puis entre finalement sur scène côté cour, une lettre à la main)* - Y a quelqu'un ? C'est curieux, personne ! *(Elle répète, tourne dans la pièce, s'impatiente et ressort.)*

GERMAINE *(entre sur scène, côté chambre, suivie de Bernadette qui a l'air d'aller mieux)* - Eh bien ! Tu vois, c'était une fausse alerte, tu avais un peu de retard c'est tout. Quand je pense qu'on a bêtement affolé ton père pour rien ! Bon, tout est rentré dans l'ordre, c'est l'essentiel. Pour t'avouer, avoir un bébé maintenant n'aurait pas été sans conséquences et l'élever dignement n'aurait pas été sans sacrifices. Les affaires tournent au ralenti en ce moment et nous n'aurions pas pu assurer correctement l'arrivée de cet enfant. Et puis, on ne s'improvise pas maman à seize ans. Comment veux-tu t'occuper d'un poupon toi qui joues encore à la poupée ! C'est ton père qui va être soulagé en apprenant la nouvelle. Lui qui a déjà eu bien du mal à supporter tes pleurs il y a seize ans, je doute qu'il aurait apprécié ceux d'un nouveau nourrisson ! Bref ! Tout s'arrange. Et pour tes fringales à répétition, un petit vermifuge fera l'affaire… *(Elle cherche au fond d'un tiroir.)* Tiens, prends ça ! Avale ! *(Bernadette manque de s'étouffer.)* **Prends-en deux!** *(Même jeu de la Bernadette.)* On sera tranquille un moment! *(Elles ressortent côté chambre.)*

La bourgeoise entre de nouveau côté cour, sans frapper cette fois-ci, appelle sans conviction et ressort.
Un temps.
Jeannot entre sur scène côté cour poussant un landau débordant de peluches qu'il range dans un coin. Il est accompagné par la représentante.

JEANNOT - Nous voilà équipés!... C'est une aubaine de vous avoir croisée sur mon chemin.

LA REPRÉSENTANTE - Oui. Je représente la société « Porte à porte » en prospection dans votre région.

JEANNOT - On peut dire que vous tombez à pic. Je souhaite installer une porte automatique.

LA REPRÉSENTANTE - Notre société c'est avant tout du sur mesure pour votre porte automatique. Nous proposons une large gamme de produits à votre service, une maîtrise parfaite du service global : conseil, conception, fabrication, mise en œuvre et maintenance de toute porte automatique.

JEANNOT - Très bien. Et question fiabilité?

LA REPRÉSENTANTE - Nos portes sont garanties dix ans, gage de qualité! C'est pour mettre ici?

JEANNOT - Non, pensez-vous, pour quoi faire? C'est pour ma grange là-bas!

LA REPRÉSENTANTE *(étonnée)* - Pour votre grange?!... En avant-première je peux vous proposer le nouvel automatisme battant, le N-322. Sa souplesse et son silence de fonctionnement en font un système des plus confortable tout indiqué pour les lieux à grand volume. C'est pour quel usage ?

JEANNOT - C'est pour un train !

LA REPRÉSENTANTE *(surprise)* - Un train ? En êtes-vous certain ?

JEANNOT - Oui, celui qui va passer dans ma grange !

LA REPRÉSENTANTE *(moqueuse)* - Vous pensez qu'un train va passer dans votre grange, c'est ça ?

JEANNOT - Oui ! *(À part.)* Elle comprend vite mais faut lui expliquer longtemps.

LA REPRÉSENTANTE - Et c'est pour ça que vous m'avez fait venir ?

JEANNOT - Oui. À moins que vous ne vouliez faire une belote ?

LA REPRÉSENTANTE - Non mais, comme vous le savez, notre société c'est avant tout du sur mesure pour votre porte automatique. Nous proposons une large gamme de produits à votre service, une maîtrise parfaite du service global : conseil, conception, fabrication, mise en œuvre et maintenance de toute porte automatique. Mais là, je vous avoue qu'il vous faudra… du solide !

JEANNOT - Je suis prêt à y mettre le prix !

LA REPRÉSENTANTE *(dubitative)* - Bon… Eh bien avançons un petit peu. *(Ce que fait Jeannot, avançant de quelques pas.)* Je pensais, avancer, dans l'idée de progresser, n'est-ce pas ? Trêve de bavardage, quel genre de porte automatique désirez-vous ?

JEANNOT - Qui s'ouvre toute seule !

LA REPRÉSENTANTE - C'est le principe de la porte automatique, en effet !

JEANNOT - Et qui s'ouvre vite surtout ! Eh oui, pour le passage du train.

LA REPRÉSENTANTE - Non pas que je ne veux pas vous la vendre, mais en quoi cette porte va vous être utile ?

JEANNOT - C'est pourtant évident. Je vais quand même pas me relever toutes les nuits ouvrir et fermer les portes de la grange pour laisser passer le train, hein !

LA REPRÉSENTANTE *(pas du tout convaincue)* - C'est une évidence, en effet ! Le plus simple serait de se rendre sur place pour prendre des mesures. Car notre société c'est avant tout du sur mesure pour votre porte automatique. Nous proposons une large gamme de produits à votre service, une maîtrise parfaite du service global : conseil, conception, fabrication, mise en œuvre et maintenance de toute porte automatique.…

JEANNOT - Oui, oui, vous me raconterez ça en chemin… *(Ils sortent.)*

> *Un temps. La bourgeoise entre côté cour, ayant bien entendu frappé désespérément pour finalement s'asseoir comme découragée.*

GERMAINE *(entre côté chambre, suivie de la Bernadette, surprises par la présence de la Bourgeoise)* - Vous pourriez frapper ! On entre pas chez les gens comme ça sans prévenir ! *(Troublée.)* Vous allez pas rester debout, asseyez-vous…

La bourgeoise *(qui était déjà assise, se lève)* **-** Sans prévenir ! C'est la meilleure ça !

Germaine - Il fut un temps, je crois me rappeler, où vous boudiez notre lait.

La bourgeoise - Effectivement, vos bidons ayant pris l'eau, j'avais quelque peu pris mes distances ! Mais c'est du passé, je ne viens pas pour ça !… Tenez, je crois que cette lettre est pour vous.

Germaine - Faites voir !… Oui, c'est le cousin Paul.

Bernadette - Qu'est-ce qu'il dit ?

Germaine - Rien, c'est une feuille blanche, ça fait dix ans qu'on se parle plus !

La bourgeoise - Je l'ai ouverte puisqu'elle était dans une enveloppe à mon nom.

Germaine - Notre cher facteur aura de nouveau satisfait sa curiosité !

La bourgeoise - Je crois bien, oui. J'en déduis donc que vous avez également reçu mon courrier dans une enveloppe à votre nom.

Germaine - Attendez… C'est Jeannot qui a ouvert le courrier ce matin mais je n'ai pas le souvenir qu'il m'ait parlé d'une lettre vous concernant.

La bourgeoise - C'est que j'attends une lettre de la plus haute importance !

Germaine - Ah oui ? Et quel genre de lettre ?

LA BOURGEOISE - Vous n'êtes pas sans savoir que le tracé du nouveau TGV doit passer tout près de chez vous…

GERMAINE - Oh oui ! Tout près, c'est le mot.

LA BOURGEOISE - Et ce, juste à l'emplacement de ma grange !

GERMAINE - De votre grange, vous en êtes sûre ?

LA BOURGEOISE - Oui, ça vous pose un problème ? *(Ne lui laissant pas le temps de répondre.)* À moi si ! C'est pour cette raison que je me permets d'insister : avez-vous reçu un courrier pour moi concernant ce sujet ? Je dois signer pour donner mon accord. Entre nous je ne le donnerai certainement pas ! Ah non ! Je ne signerai pas leur fichu papier !

JEANNOT *(entre sur scène suivi de la représentante en s'exclamant très fort)* - Ça y est ! C'est signé ! *(Posant le contrat sur la table.)*

GERMAINE - Quoi ? Qu'est-ce t'as signé ?!

JEANNOT - Pour la porte automatique, dernier cri, qui s'ouvre vite et tout… Eh oui ! Pour le passage du train !

LA BOURGEOISE - Comment ?

JEANNOT - Pour le train, enfin ! Celui qui va passer dans ma grange ! C'est qu'elle va en voir défiler du monde maintenant ! Peut-être même du beau monde ! Heureusement que je suis là pour penser à tout ! Et qui c'est qui allait se relever toutes les nuits ouvrir et fermer les portes de la grange pour laisser passer le train, hein ?

LA BOURGEOISE - Vous plaisantez ?

28

JEANNOT - J'ai une tête à plaisanter ? Dites-lui, vous, comme elle est bien cette porte !

LA REPRÉSENTANTE - La D-224 est équipée de radars de détection intégrés dans l'habillage, gérés par un boîtier de commande électronique qui calcule automatiquement tous les paramètres, assurant ainsi longévité et qualité du mouvement de porte grâce également au système de transmission très performant assuré par quatre galets de suspension par ventail et un entraînement par courroie crantée armée apportant un soin tout particulier à l'esthétisme du produit.

LA BOURGEOISE - J'ai vu le tracé, il ne passe absolument pas par votre propriété mais par la mienne, tout juste à l'emplacement de ma grange !

JEANNOT - Vous aussi ! Eh bien, s'il doit passer par votre grange avant de passer dans la mienne, il va faire un sacré détour !

LA BOURGEOISE - Mais enfin ! Vous ne comprenez rien ou vous faites semblant ? C'est pas dans la grange mais à l'emplacement de celle-ci qu'il doit passer !

JEANNOT - Ah… J'me disais aussi, vu l'état avancé de délabrement de la mienne, au premier passage tout allait s'envoler ; j'aurais pu la consolider ici et là, mais…

LA BOURGEOISE - Où est mon courrier ? Qu'en avez-vous fait ?

JEANNOT - Quel courrier ?

LA BOURGEOISE - Celui que vous avez reçu pour le train !

JEANNOT - Ah ! celui-ci ! Signé et renvoyé.

LA BOURGEOISE - C'est pas vrai !

JEANNOT - Si, et puis cet argent on en a besoin, pour le bébé à la Bernadette. *(Très fier.)* Eh oui, je vais être grand-père moi, madame. Enfin, je vous dis ça mais vous ne pouvez pas comprendre, vous n'avez pas d'enfants !

GERMAINE - Heu… mais avec quel argent t'as acheté ça d'ailleurs ? *(Découvrant le landau et son contenu.)*

JEANNOT - À crédit, avec l'argent du train !

LA BOURGEOISE - Mais c'est pas votre argent !

JEANNOT - Pas mon argent ? C'est p'têt' le vôtre alors !

LA BOURGEOISE - Parfaitement, c'est le mien maintenant que vous avez signé ce maudit papier !

JEANNOT - C'est pas parce que je vous ai vendu du lait allégé qu'il faut, maintenant que je suis riche, me réclamer des dommages et intérêts !

LA BOURGEOISE - Où est cette lettre enfin ?

JEANNOT - À la poste, pourquoi ? Attendez, j'ai pris soin d'en faire une photocopie ! Vous allez voir, madame je sais tout !

LA BOURGEOISE *(lisant à voix haute)* - « Le tracé du nouveau TGV doit traverser votre propriété, exactement à l'emplacement de votre grange. Nous vous proposons un dédommagement très intéressant : la somme de… » Qu'ils m'en proposeraient le double, que j'en voudrais même pas !… « Si accord de votre part, veuillez nous retourner cette lettre dûment signée, accompagnée de la mention lu et approuvé. Sinon, renvoyez le présent original sans rien y mentionner. Tout contrat abîmé ou déchiré fera office d'acceptation de votre part. » Et voilà ! C'est bien ce que je craignais ! Regardez l'entête de cette lettre, elle m'est bien destinée, c'est mon nom, là ! C'est un drame ! Un terrible drame ! Et tout ça à cause de ce maudit facteur !

JEANNOT *(tout penaud)* - Mais oui ! C'est pourtant vrai… Je me suis pas méfié, moi. Mais alors qui dit plus de train, dit plus de sous !

GERMAINE - Et plus de bébé…

JEANNOT - Comment ça, plus de bébé ?

GERMAINE - C'était une fausse alerte ! Quel soulagement ! Elles sont arrivées.

JEANNOT - Qui est là ? Qui est arrivé ? J'ai rien entendu ! Mets-les dehors ! J'ai d'autres chats à fouetter !

GERMAINE - Ah ! mais t'y connais rien ! Des trucs de femmes, quoi ! La Bernadette avait un peu de retard et si elle mangeait comme quatre, c'est qu'elle avait besoin d'être vermifugée, c'est tout ! *(Bernadette se tortille à nouveau dans tous les sens.)* Qu'est-ce t'as à gesticuler comme ça, maintenant ?

BERNADETTE - Ça me brasse, là-dedans…

GERMAINE - C'est sûrement le vermifuge qui commence à faire son effet.

JEANNOT *(découvrant la boîte sur un meuble)* - Bougre d'imbécile ! C'est le vermifuge à la Marguerite que tu lui as donné ! Elle en a pris combien ?

31

GERMAINE - Deux, je crois…

JEANNOT - Deux, en plus! C'est marqué, un comprimé pour cinq cents kilos! T'es vermifugée à vie, la Bernadette! T'en as fait une belle encore, la Germaine!… Pour ma part, j'ai plus qu'à rapporter tout cet attirail chez le marchant en lui expliquant. Tout le village est déjà p'têt' au courant…

LE FACTEUR *(entre en trombe dans la pièce sous les aboiements du chien)* - Je viens d'en apprendre une bonne au village… *(Il n'a pas le temps de finir que Jeannot commence déjà à lui courir après autour de la table en l'injuriant de tous les noms.)* Arrête! Je t'ai ramené ta jument, je l'ai attachée près de la grange!

JEANNOT - Et ne me parle plus de cette fichue grange!

LE FACTEUR - On veut rendre service, et pour le coup on se fait recevoir à coups de bâton! Mais enfin, c'est pas de ma faute si la Bernadette est enceinte!

JEANNOT - Heureusement que c'est pas de ta faute! Il manquerait plus que ça! Et pour ta gouverne, sache que la Bernadette, elle porte plus! Qui te l'a dit d'ailleurs?

LE FACTEUR - Tu l'as chanté dans tout le village, j'y peux rien!

JEANNOT - T'y peux rien! N'empêche qu'un TGV va passer dans la grange de la bourgeoise à cause que j'ai signé la lettre à sa place!

LE FACTEUR - La lettre?… Celle-là? *(Il la sort de sa sacoche.)*

JEANNOT *(se radoucissant aussitôt)* - Oui… Oui, oui, c'est la lettre! *(Il l'ouvre pour vérifier, met l'enveloppe dans sa poche.)* C'est bien ça!

LE FACTEUR - Quand tu postes une lettre, faudrait penser à y mettre un timbre quand même ! Heureusement que je suis passé par là !

GERMAINE - Tu peux dire que je perds la boule ! Poster une lettre en oubliant de l'affranchir !

JEANNOT - Oui, mais c'est un oubli utile, ça madame ! *(Posant la lettre sur la table à côté du contrat pour la porte automatique.)*

LA BOURGEOISE - Vous ne l'avez pas abîmée, j'espère ? Il y est stipulé que si l'original de cette lettre leur est retourné abîmé ou déchiré, elle fera office d'acceptation de ma part.

JEANNOT - C'est « spitulé » où, ça ?

LA BOURGEOISE - À la fin !

LE FACTEUR - N'ayez crainte, elle est parfaitement… parfaite.

LA REPRÉSENTANTE *(qui commençait à s'impatienter)* - Si je comprends bien, vous n'avez plus besoin de ma porte automatique D-224, équipée de radars de détection intégrés dans l'habillage, gérés par un boîtier de commande électronique qui calcule automatiquement tous les paramètres, assurant ainsi longévité et qualité du mouvement de porte grâce également au système de transmission très performant assuré par quatre galets de suspension par ventail et un entraînement par courroie crantée armée apportant un soin tout particulier à l'esthétisme du produit ?

JEANNOT - Je crois savoir disposer d'un délai de rétractation de sept jours. Eh bien ça n'attendra pas si longtemps ! Aux oubliettes ! *(Il prend sans trop regarder et déchire la lettre du train* *en mille morceaux.)* Je ne vous retiens plus. *(Il la pousse vers la sortie.)* En vous remerciant… *(Elle sort, un peu malgré elle.)*

LA BOURGEOISE - Vous là! *(Désignant le facteur du doigt.)* Au lieu d'inonder ma boîte aux lettres de demandes en mariage ridicules, vous feriez mieux de faire votre travail correctement! Votre négligence a bien failli nous poser de sérieux problèmes!

JEANNOT - Des demandes en mariage? Dis donc, facteur, le mystérieux LF, c'était donc toi! LF comme le facteur! *(Il rit de bon cœur.)* Eh bien mes amis, je propose d'arroser ça comme il se doit! *(Il commence à verser.)*

LA BOURGEOISE - Désolée, mais je ne prends que des grands crus, moi…

JEANNOT - Et moi, je ne prends que des grandes cuites! *(Tous rient de bon cœur sauf la Bourgeoise.)* Moi qui m'étais fait à l'idée d'avoir un quatrième pensionnaire à la maison, je suis tout de même déçu!

LE FACTEUR - Je suis là, moi.

JEANNOT - Tais-toi, bougre d'âne! Je suis tout compte fait soulagé de savoir que ce maudit train ne passera pas par notre merveilleux village! Un train dans ma grange, on aura tout vu, c'est pas demain la veille que ça arrivera… Quand les poules auront des dents, tiens!

LA BOURGEOISE *(récupérant la lettre restante sur la table, celle de la porte automatique, vous l'avez compris)* - Et moi, je récupère immédiatement cette maudite lettre pour la mettre en lieu sûr. Le temps pour moi de trouver un moyen de faire disparaître votre satanée signature afin de la renvoyer parfaitement propre et nettoyée de votre griffe malhabile qui donnera une fin heureuse à ce vilain cauchemar ! Un « happy end » comme disent les jeunes. *(Lisant.)* « Merci d'avoir choisi la porte automatique D-224… » Quoi ?! Mais qu'est-ce que ça veut dire ?! Je n'ose même pas imaginer ce que je vois ! Par terre, là, gisant sur le sol, réduite en bouillie, c'est ma lettre, ma lettre qui précisait bien que la moindre écornure mettrait fin à notre tranquillité ! Il a déchiré le mauvais contrat ! Il a déchiré la lettre en mille morceaux ! En miettes ! Mais c'est lui que je vais mettre en miettes !!

Elle court à son tour autour de la table suivie des autres poursuivant le Jeannot qui n'en mène pas large.
Avant que le rideau tombe, on pourra entendre le bruit d'un train ou d'une locomotive passant à l'extérieur, terminant cette comédie comme elle a commencé : sans prétention aucune sinon celle de divertir.

RIDEAU

AVIS IMPORTANT

Cette pièce de théâtre fait partie du répertoire de la Société des Auteurs et Compositeurs Dramatiques, 11 bis rue Ballu 75442 PARIS Cedex 09. Tél. : 01 40 23 44 44. Elle ne peut donc être jouée sans l'autorisation de cette société.
Nous conseillons d'en faire la demande avant de commencer les répétitions.

Imprimé à la demande par Books On Demand GmbH, Bad Hersfeld, Allemagne

Première édition, dépôt légal : mars 2010
N° d'édition : 201007
ISBN : 978-2-84422-734-8